AF297890

LES COMPAGNONS

DE LA COQUILLE,

CHRONIQUE DIJONNAISE

DU XVᵉ SIÈCLE.

Par Joseph Garnier,

ARCHIVISTE DE LA VILLE DE DIJON.

DIJON,

Typographie Duvollet-Brugnot.

1842.

Depuis deux ans la Bourgogne était infestée par une bande de malfaiteurs (1) qui, répandus dans toute la contrée, commettaient de nombreux forfaits sur les routes, dans les foires et les villes où ils s'introduisaient déguisés en marchands. En vain le grand prévôt auquel était spécialement confiée la garde des chemins, avait-il redoublé de zèle et de surveillance pour arrêter ces méfaits; toutes ses mesures étaient restées sans résultat, et les déprédations qui n'en conti-

(1) Les faits que nous allons raconter, d'après des documents extraits des archives de la ville, ont eu lieu à Dijon en 1455, à l'époque où cette cité, alors capitale des vastes possessions de la maison de Bourgogne, était devenue, grace à la fastueuse cour de nos ducs, le centre d'un grand commerce et le séjour habituel d'une riche et nombreuse noblesse.

nuaient pas moins avaient répandu une telle terreur, que les relations qu'une paix récente commençait à rétablir entre les populations menaçaient de rester longtemps interrompues : la ville de Dijon même, que sa nombreuse garde bourgeoise et l'activité de sa police municipale semblaient mettre à couvert des atteintes de ces bandits, n'en était pas plus respectée, et le bruit des vols audacieux qui s'y commettaient journellement y avait causé un si grand effroi, que la *cloche de Saint Jean* sonnée (1), nul n'osait plus s'aventurer dans les rues.

A la fin, le vicomte-maïeur, Jacques Bonne, alarmé par les plaintes réitérées de ses administrés, enjoignit au procureur syndic (2) d'informer sur ces délits et d'en traduire les auteurs devant son tribunal. Celui-ci, nommé Jehan Rabustel, avait acquis dans de longues années d'exercice de ces fonctions difficiles, une expérience qui, comme nous allons le voir, ne lui fit pas défaut dans cette circonstance; et même, comme il n'avait pas attendu les prescriptions de son supérieur pour agir, il se trouvait déjà en mesure de le satisfaire. Instruit que, depuis à peu près l'époque où les plaintes avaient commencé, plusieurs *compaignons oiseux, vaccabunds* et tout-à-fait étrangers au pays, avaient fixé leur domicile dans la ville, et que ces gens, tous sans grande apparence de fortune, passaient la plus grande partie du temps en débauches; qu'ils demeuraient pour la plus part dans la *Maison-des-Fillettes* (3), *où ils menaient orde, ville et dissolue vie de ruffiens*

(1) Expression usitée à Dijon au 15e siècle pour désigner le couvre-feu que l'on sonnait à l'église Saint-Jean, et après lequel il était défendu de sortir sans lumière, sous peine de 65 sols d'amende.

(2) Le procureur syndic avait à cette époque des attributions fort étendues, et était à la fois l'avocat et le procureur de la commune; il dirigeait la police et remplissait les fonctions d'accusateur devant le tribunal de la vicomté-mairie.

(3) Cette maison acquise en 1436 par la commune pour en faire la résidence des *fillettes communes* existe encore à Dijon, au bout de la rue des Godrans. A l'époque où se passe notre sujet, elle était isolée et placée à l'angle de la rue des Grands-Champs et de celle des Petits-Champs qui allait du côté du Château. Sous la Ligue on affecta cette maison pour le logement du bourreau qui y demeura jusqu'en 1792, qu'elle fut vendue par la ville.

et houilliers, et qu'enfin, après un court séjour, ils disparaissaient et revenaient bientôt *à pied ou à cheval bien garnis d'or et d'argent*, il soupçonna qu'ils pouvaient bien être ceux qu'il cherchait ; mais voulant agir à coup sûr et ne pas leur donner l'éveil par une fausse démarche, il manda secrètement, par-devant lui, deux barbiers et une fillette commune qu'il apprit avoir eu de fréquentes relations avec eux, et après avoir reçu leurs dépositions qui confirmèrent ses soupçons, il les congédia en leur enjoignant de le tenir au courant de toutes leurs démarches et de lui garder le plus profond secret, sous peine de mort. Dès-lors, certain de les atteindre à la première occasion, il redoubla de surveillance pour la garde et la sûreté de la ville.

Peu de jours après, ayant été informé qu'ils devaient se réunir la nuit dans la *maison publique de la ville*, dont le locataire Jacquot de la Mer, sergent de la mairie, paraissait être leur affilié, il résolut de profiter de cette circonstance pour effectuer leur arrestation, et comme il importait à la réussite de son projet que la plus grande discrétion fût gardée, il ordonna, sous prétexte de bruits de guerre, de doubler le guet, qui reçut l'ordre de se trouver à une heure de la nuit aux environs de la rue des Grands-Champs.

Au moment fixé, le procureur, bien armé et *embastonné* (1), ayant réuni sa troupe, s'avança dans le plus grand silence vers la maison signalée, dans laquelle, au mépris des lois sévères du couvre-feu, brillait une grande clarté. L'ayant fait investir, il frappa à la porte et somma de l'ouvrir au *nom du duc et du maire*. Aussitôt tout s'éteignit, et au bout d'un instant le maître du logis vint répondre, pensant que c'était une ronde habituelle du guet de la ville ; mais il fut bien détrompé, car le procureur-syndic, sans lui donner le temps de se reconnaître, l'arrêta comme prisonnier, et, pénétrant avec sa suite dans la maison, resta fort étonné de ne pas rencontrer ceux qu'il y cherchait. Mais comme on avait tardé à lui ouvrir, et que la physionomie du maître du logis trahissait une vive émotion, il soupçonna quelque ruse, et ordonna une perquisition générale, qui, indépendamment d'un butin considérable qu'on trouva enfoui dans une cachette, amena la découverte de douze individus de fort mau-

(1) C'est-à-dire muni d'une épée, d'une lance ou d'une hache.

vaise mine qui, partageant la confiance de leur hôte, s'étaient cachés, ainsi que cela leur était déjà arrivé plusieurs fois dans les *arches* (coffres) qui garnissaient les chambres où ils furent saisis sans avoir pu faire la moindre résistance, et conduits sur-le-champ dans les prisons de la ville, situées à cette époque rue des Singes.

La mairie, qui sentait combien il était urgent de faire un exemple capable d'intimider le reste de la bande, instruisit rapidement leur procès. Interrogatoires réitérés, confrontations, séquestrations dans un cachot, avec ceps et grésillons (1), privation de nourriture, question à l'eau (2), et enfin tout l'attirail de torture de la justice de l'époque fut vainement employé pour leur arracher des aveux ; rien ne put ébranler leur constance. A la fin le tribunal, quoique moralement convaincu de leur culpabilité, mais ne pouvant, faute de preuves suffisantes, rien décider sur leur sort, et voulant d'ailleurs à tout prix connaître la vérité, afin de prévenir de nouveaux crimes, s'engagea à rendre la liberté au plus jeune d'entre eux, nommé Dimanche-le-Loup, s'il consentait à faire des révélations. Entre la liberté et une mort ignominieuse, le choix ne pouvait être douteux : aussi Dimanche, après s'être assuré de la discrétion de ses juges, attendu qu'en révélant les secrets du métier il encourait la mort, et d'ailleurs aidé dans ses aveux par Perrenot-le-Fournier, l'un des barbiers, déposa ce qui suit :

(1) Selon Nicod, le cep ou les ceps étaient composés de deux pièces de bois entaillées sur le bord et justement à la même distance, avec lesquelles on serrait les pieds ou les mains, et même quelquefois les uns et les autres ensemble.

On appelait aussi ceps deux pièces de bois entaillées qu'on mettait au col du criminel, et qui ressemblaient assez à l'instrument de supplice usité en Chine et appelé la cangue.

Les grésillons étaient les menottes qu'on mettait aux mains.

(2) Le patient étant suspendu horizontalement par les pieds et les mains liés avec des cordes et attachés à deux chevalets, on lui versait de l'eau dans la bouche avec une corne.

Cette torture fut employée à Dijon jusqu'à la fin du quinzième siècle ; on la remplaça par celle appelée *question du moine de camp*, sur laquelle nous reviendrons plus tard.

Lui et ses complices faisaient partie d'une société appelée *Compagnie de la Coquille ;* ils se nommaient les *Coquillars* et faisaient métiers de voler, assassiner et fabriquer de la fausse monnaie. Ils étaient au nombre de plus de mille répandus par toute la France et soumis à un chef qu'ils désignaient sous le nom de Roy de la Coquille.

Ils se reconnaissaient à certain signe et se servaient entre eux d'un langage particulier, inintelligible pour le vulgaire.

La compagnie était divisée en plusieurs catégories, savoir :

Celle des *crocheteurs,* qui crochetaient les serrures.

— des *vendengeurs,* qui coupaient les bourses.

— des *esteveurs,* qui escroquaient.

— *Beffleurs ,* qui attrayaient les simples compaignons à jouer.

— des *pipeurs* ou *desboschilleurs,* qui escroquaient au jeu.

— *baladeurs* ou *planteurs,* marchands de pierres et de bijoux faux.

— *confermeurs de la balade ,* qui accompagnaient les précédents.

— *dessarqueurs, qui venaient au lieu où l'on voulait mettre ung plant et s'enquerraient s'il était nouvelle.*

— *blans coulons,* qui couchaient avec les marchands, leurs dérobaient leurs vêtements ou leur bourse qu'ils jetaient par la fenêtre aux compagnons qui les attendaient dans la rue.

— *fourbes,* qui feignaient d'être de pauvres domestiques de marchands et recevaient dans la rue le vol commis par les précédents.

— *desrocheurs* ou *bretons,* qui volaient sur les routes.

— *envoyeurs* ou *bazisseurs,* qui assassinaient.

— des *Maistres,* qui contrefaisaient l'homme de bien.

— *Longs ,* qui étaient *les plus sçavants en l'art de la Coquille.*

Et celle des *gascâtres, apprentis non encore subtils en ladite science.*

Après cette énumération, le coquillart voulant faciliter aux magistrats les moyens de découvrir dans la suite les desseins de ses confrères, les initia dans le secret de leur langage ; il leur apprit qu'ils appelaient

La justice,	*la marine* ou *la rouhe.*
Les sergents,	*les gaffres.*
Les prêtres,	*les lieffres* ou *les rats.*
Un homme simple,	*sire, duppe* ou *blanccornier.*
Les dez à jouer,	*acques.*
Les marelles,	*saint marry, saint joyeux.*
Les cartes,	*taquinade.*

Les jeux de dés, *madame,* la *vallée,* le *gourt,* la *muiche,* le *bouton* et le *riche,* la *queue de chien.*

Un homme riche,	*godiz.*
Une bourse,	*feuillouze.*
L'argent,	*auber, caire, puille.*
Une robe,	*jarle.*
Un cachet d'or ou d'argent,	*circle.*
Un cheval,	*galier.*
Le jour,	*torture.*
Un lingot faux,	*plant.*
Le pain,	*arton.*
Le feu saint Antoine,	*ruffle.*
La main,	*serre.*
L'oreille,	*anse.*
Les jambes,	*quilles.*

Qu'ils disaient :

Fustiller, pour changer les dés,

Blanchir la marine, pour s'être échappé des mains de la justice.

Jouer le roy David avec le roy Danyot, pour crocheter avec un crochet.

Bazir, pour tuer.

La soye Roland, pour commettre une effraction.

Que *mouschier à la marine,* signifiait dénoncer à la justice.

Dire estoffe, ou je *faugeray,* signifiait demander sa part du butin ou menacer d'une dénonciation.

Que *becquer* voulait dire regarder;

Parler de l'abbesse, parler de vol;

Faire la cole, feindre d'être marchand;

Parler de la soye Roland, projeter de battre la justice;

Ferme à la bouche, se défendre hardiment devant elle;

Qu'on appelait *beau soyant*, un beau parleur, *bien enlangaigié* qui savait decepvoir la justice ou aultres gens par *belles bourdes*;

Ferme à la manche, celui qui ne trahissait jamais ses camarades;

Et que quand dans un lieu public, l'un d'eux s'apercevait qu'on écoutait leur conversation, *il crachait à la manière d'ung homme enrumey qui ne peut avoir sa salive*, et qu'à ce signal on parlait d'autre chose.

Enfin, après avoir dénoncé la plupart des crimes qui avaient été commis dans les environs, il termina ses aveux en déclarant que la réunion qui avait eu lieu chez Jaquot, la nuit de l'arrestation avait eu pour objet de concerter un plan de pillage général de la ville pour l'hiver prochain, à l'aide de tous les *coquillars* qui s'y seraient rendus de tous côtés : mais que leur capture en donnant l'alarme à *la compagnie* avait fait avorter ce projet.

Dès lors la mairie, suffisamment éclairée par ces dépositions, continua vigoureusement le procès de ces misérables. Trois d'eux ayant été convaincus d'avoir fabriqué et mis en circulation de faux florins vulgairement appelés *florins au chat ou pistoles*, furent condamnés à être bouillis vivants dans une chaudière sur la place du Morimont puis pendus ensuite; et les six autres, parmi lesquels se trouvait un cordelier apostat nommé *Jehan des escus*, qui, chargé de la provision de la *Maison publique* escroquait de l'argent aux bouchers à chaque écu qu'il changeait, à être traînés sur la claie, pendus et étranglés aux fourches patibulaires de Dijon. Quant à Jaquot de la -Mer, l'instruction ayant évidemment démontré sa complicité avec ces malfaiteurs dont il était le patron, le receleur, et qu'il avertissait des mesures prises contre eux par l'autorité, il partagea le sort de ces derniers.

Cette sentence reçut son exécution le 18 décembre 1455, devant une foule innombrable accourue de tous les points du duché pour assister à ce terrible spectacle, lequel jetta une si grande épouvante dans l'esprit des Coquillars, que de longtemps ils n'osèrent rien entreprendre dans la ville.

Quant au reste de la bande, le procureur qui était parvenu à connaître les noms et surnoms d'un grand nombre d'affiliés, les signala aux principaux tribunaux du royaume qui en firent bonne justice; car, à en juger par des annotations de ce magistrat sur ces listes, la plupart furent bouillis, pendus ou bannis à perpétuité.

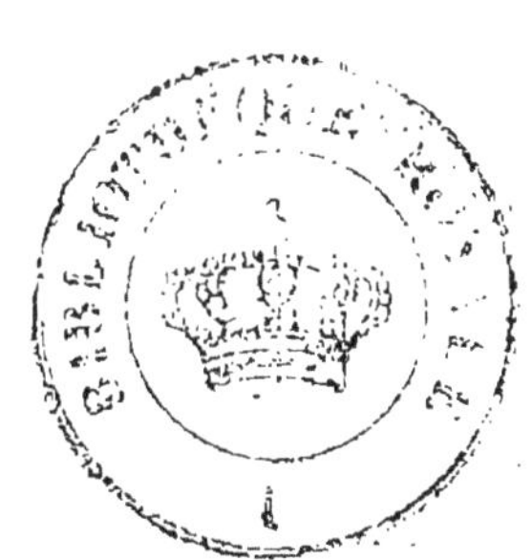